AF294903

LA BATALLA DE LAS ARDENAS

Los últimos días de la ocupación alemana en Bélgica

Por Amélie Roucloux
En colaboración con Pierre-Luc Plasman
Traducido por Marina Martín Serra

Historia 50MINUTOS.es

LA BATALLA DE LAS ARDENAS

DATOS CLAVE

- **¿Cuándo?** Del 16 de diciembre de 1944 al 28 de enero de 1945.
- **¿Dónde?** En las Ardenas (Bélgica) y en el Gran Ducado de Luxemburgo.
- **¿Contexto?** La Segunda Guerra Mundial (1939-1945).
- **¿Estados beligerantes?** Los Aliados (Estados Unidos y Gran Bretaña) y el Tercer Reich (Alemania).
- **¿Principales protagonistas?**
  - Bernard Law Montgomery, mariscal británico (1887-1976).
  - George Smith Patton, general estadounidense (1885-1945).
  - Hasso von Manteuffel, general alemán (1897-1978).
  - Josef Dietrich, llamado Sepp Dietrich, general alemán (1892-1966).
- **¿Resultado?** Victoria de los Aliados.

- **¿Víctimas?**
  - Fuerzas británicas: alrededor de 200 soldados asesinados, 240 heridos y 970 prisioneros de guerra y desaparecidos.
  - Fuerzas estadounidenses: alrededor de 18 500 soldados asesinados, 46 200 heridos y 10 900 prisioneros de guerra y desaparecidos.
  - Fuerzas alemanas: alrededor de 29 800 soldados asesinados, 34 450 heridos y 22 500 prisioneros de guerra y desaparecidos.

INTRODUCCIÓN

La batalla de las Ardenas se produce al final de la Segunda Guerra Mundial. El ataque lo empiezan los alemanes el 16 de diciembre de 1944 alrededor de las 5:30 horas, con el objetivo de bloquear el avance de los Aliados y de recuperar el puerto de Amberes. Desde hace algún tiempo, la situación del Ejército alemán es preocupante. Tras el desembarco de Normandía (6 de junio de 1944), los soldados se ven obligados a abandonar las fortificaciones que forman el muro del Atlántico y a atrincherarse en el frente occidental, ya que no pueden realizar un contrataque contra los Aliados. Con todo, en septiembre de 1944, Adolf

Hitler (1889-1945) vislumbra la posibilidad de una contraofensiva. En efecto, el avance de los Aliados se ve ralentizado a causa de malentendidos, de dificultades para salir del puerto de Amberes y de batallas sangrientas que se producen en el bosque de Hürtgen. Entonces, Adolf Hitler pone en marcha la Operación Wacht am Rhein (en referencia a la canción *Guardia del Rin* que tiene un valor identitario importante para los alemanes). Desea repetir la estrategia utilizada durante la invasión de Bélgica, en mayo de 1940, para abalanzarse sobre las Ardenas belgas, que entonces cuentan con una escasa defensa por parte de los Aliados. El objetivo de la operación es enviar a sus soldados a apoderarse de Amberes, cortar este punto de abastecimiento a los Aliados y dividir sus ejércitos. Tras dos meses de combates, la ofensiva alemana se salda con un fracaso y las pérdidas en ambos bandos son importantes. El reclutamiento masivo de soldados, la dureza de los combates y las terribles condiciones climáticas contribuyen a convertir la batalla de las Ardenas en un acontecimiento de gran importancia dentro de la Segunda Guerra Mundial.

CONTEXTO

DEL MURO DEL ATLÁNTICO AL MURO OCCIDENTAL

Desde hace unos meses, Alemania sufre fuertes reveses. Vienen en mente, sobre todo, la batalla de El Alamein en Egipto (23 de octubre-3 de noviembre de 1942), después de la cual el mariscal alemán Erwin Rommel (1891-1944) se ve obligado a abandonar primero Egipto y luego África, o la batalla de Stalingrado (17 de julio de 1942-2 de febrero de 1943), en la que los alemanes vuelven a sufrir una dura derrota. Estos fracasos consecutivos hacen que decaiga la moral de las tropas alemanas.

¿SABÍAS QUE...?

La batalla de El Alamein tiene lugar del 23 de octubre al 3 de noviembre de 1942. Desde hace algún tiempo el Afrikakorps, el Ejército alemán en África, gana terreno en ese continente, algo que no se le escapa a Winston Churchill (estadista británico,

1874-1965), que da la orden de detener su avance al Ejército del mariscal Bernard Law Montgomery, que entonces está en ese lugar. Este Ejército está compuesto por 200 000 soldados, mientras que el mariscal alemán Erwin Rommel tiene a su disposición solamente a 104 000 hombres. La operación es una gran victoria para los Aliados: permite reconquistar el Norte de África y marca el comienzo de la retirada de las tropas alemanas en todos los frentes.

La batalla de Stalingrado empieza el 17 de julio de 1942 y acaba el 2 de febrero de 1943. Adolf Hitler coloca al general alemán Friedrich von Paulus (1890-1957) al mando de la ofensiva, que tiene como objetivo conseguir el control de la ciudad y, así, controlar las vías de suministro soviéticas. Para lograrlo, cuenta con un millón de hombres bajo sus órdenes. A pesar del elevado número de efectivos, los soldados alemanes tienen que enfrentarse a la violencia de la resistencia rusa. Mientras que la falta de alimentos y armas sitúa al Ejército alemán en una situación muy complicada, Adolf Hitler ordena seguir luchando. Sin embargo, el 2 de febrero, el general Friedrich von Paulus se rinde, después de haber perdido muchos soldados. En total, cerca de un millón de hombres perecen en el campo de batalla, marcando una de las mayores derrotas militares de Adolf Hitler.

| Soldados soviéticos en posición defensiva en los suburbios de Stalingrado.

Por otra parte, tras la ruptura del pacto germano-soviético que se produce en 1941, la Unión Soviética, Gran Bretaña y los Estados Unidos firman un tratado de alianza y deciden abrir un frente en el oeste, una acción que llevan a cabo con el desembarco de Normandía. El Tercer Reich está atrapado entre dos fuegos:

- en el este, la Alemania nazi se enfrenta a la URSS;
- en el oeste, sufre los ataques de los Aliados.

A continuación, la Wehrmacht (el nombre dado al Ejército alemán durante el régimen nazi) sufre un nuevo golpe el 6 de junio de 1944, el día del desembarco.

LAS CONSECUENCIAS DEL DESEMBARCO ALIADO

El general Dwight David Eisenhower (1890-1969) prepara el desembarco de Normandía durante muchos meses, con el fin de crear un nuevo frente en el oeste y de tomar el control de un lugar estratégico en lo que se refiere al envío de los suministros. Para la misión, se reclutan más de tres millones de soldados estadounidenses, británicos y canadienses. Este inmenso Ejército está encabezado por el mariscal británico Bernard Law Montgomery. Durante la noche del 5 al 6 de junio de 1944, miles de paracaidistas y de barcos asaltan las cinco playas elegidas para la ocasión.

| Soldados aliados desembarcando en las playas de Normandía.

Ante esta situación, los alemanes, que pensaban que el desembarco se llevaría a cabo en otro lugar, pronto se muestran desamparados. El 6 de junio, la operación aliada se salda con un éxito. Sin embargo, el balance es trágico: los estadounidenses pierden a cerca de 3400 hombres, los británicos a 3000, los canadienses a 335 y los alemanes a 6500.

El 13 de junio de 1944, los Aliados llenan los vacíos que separan los diferentes puntos del desembarco: perforan el muro del Atlántico (sistema de fortificaciones diseñado por los alemanes para evitar la invasión aliada a través de Gran Bretaña). Después de la reunión de las fuerzas aliadas en Normandía, la Wehrmacht ya no puede contener la afluencia de soldados que llegan por el Canal de la Mancha. Acosada por la aviación aliada, no tiene más remedio que retroceder.

Sin embargo, el Ejército aliado también debe hacer frente a dificultades cada vez más numerosas. De hecho, algunos puertos del Atlántico son inaccesibles debido a que han sido destruidos o están ocupados por un foco de resistencia alemana. Aunque esta situación todavía no es dramática, ya que los Aliados cuentan con un punto de desembarco en Normandía, la cuestión del control de los puertos se vuelve cada vez más decisiva a medida que los ejércitos aliados avanzan hacia el interior. En efecto, esta progresión hace que el suministro sea más largo y complicado. Por lo tanto, el control de un puerto como el de Amberes se convierte en algo vital y, muy rápidamente, Bernard Law Montgomery recibe la orden de hacerse cargo de este punto estratégico.

Aun así, a pesar de que el Ejército alemán retrocede, lo hace presentando resistencia. Su objetivo, en efecto, es ganar tiempo para restaurar el muro occidental (también llamado línea Sigfrido) que permitiría detener el avance de los Aliados y garantizar la integridad del territorio nacional alemán. Este muro está formado por obstáculos naturales y fortificaciones artificiales, y constituye una línea defensiva. Su punto de partida se sitúa al nivel de las bocas del Escalda, luego pasa por Amberes, por el canal Albert, y luego por una parte de la línea Sigfrido situada en las fronteras belgas y luxemburguesas. Finalmente, se alarga por el Mosela y por los Vosgos. En septiembre de 1944, tras haber repelido a la mayor parte de las tropas de la Wehrmacht, los Aliados llegan frente al muro occidental.

¿SABÍAS QUE...?

La línea Sigfrido es una línea defensiva construida por los alemanes entre 1936 y 1940. Está formada por búnkeres y túneles, así como por bloques de hormigón sobre los que se han colocado obstáculos y minas. Se extiende a lo largo de la frontera occidental del Imperio alemán y los Aliados la rompen en 1945.

| Soldados estadounidenses cruzando la línea Sigfrido.

El 1 de septiembre de 1944, el general estadouni-dense Dwight David Eisenhower toma el mando de los ejércitos. Bajo sus órdenes, se hallan generales que desempeñarán un importante papel a lo largo de la batalla de las Ardenas y que se reparten de la forma siguiente:

- el mariscal británico Bernard Law Montgomery, a la cabeza del 21.º grupo de ejércitos, se encuentra en el Norte de Bélgica, cerca de la región de Amberes;
- el general estadounidense Omar Nelson Bradley (1893-1981), comandante del 12.º grupo de ejércitos de los Estados Unidos, se encuentra en el centro de la progresión aliada, a la altura de las Ardenas belgas;
- el general estadounidense George Smith Patton, general del 3.er Ejército estadounidense, se encuentra en el sur de la progresión de los Aliados, a la altura de Alsacia y de Lorena.

LA TOMA DEL PUERTO DE AMBERES

El puerto de Amberes constituye un objetivo estratégico: se trata del segundo puerto más importante de Europa. Su toma permitiría que los Aliados pudieran obtener los suministros que necesitan para su avance hacia Alemania. Los ejércitos bajo las órdenes del mariscal Bernard

Law Montgomery son los encargados de llevar a cabo su liberación, que es efectiva el 4 de septiembre de 1944. Con todo, a pesar de que el puerto es liberado, el estuario del Escalda —que lleva al mar del Norte— sigue en manos de los alemanes, por lo que es inutilizable. Así, sin la presa del estuario, los Aliados no podrán solucionar la cuestión del suministro.

No obstante, Bernard Law Montgomery no percibe las consecuencias y prefiere atacar la región de la Ruhr (Alemania). Desde esta óptica, lanza la Operación Market Garden a mediados de septiembre, para tomar los puentes estratégicos de los Países Bajos, entonces a manos de los alemanes. Esta operación se salda con un fracaso parcial: el mariscal no consigue hacerse con todas las posiciones y pierde a muchos hombres.

Con todo, el 6 de octubre, alertado por la precariedad de la posición logística de los Ejércitos aliados derivada de la imposibilidad de explotar el puerto de Amberes, Bernard Law Montgomery encarga a las tropas canadienses que liberen el estuario. Esta operación le cuesta la vida a muchos soldados, y hay que esperar hasta el 29 de noviembre para que el estuario del Escalda al fin quede libre. El tiempo dedicado a esta misión tendrá lamentables repercusiones. En efecto, los Aliados, cada vez más alejados de sus puntos de suministro, se vuelven vulnerables ante un ataque alemán. Además, la falta de recursos ralentiza su progresión, permitiendo que la Wehrmacht se recupere de sus recientes derrotas. Sin embargo, esta misión permite que el puerto se pueda utilizar y ofrece un nuevo punto de suministro a los Aliados. Adolf Hitler lo sabe y no piensa abandonar tan fácilmente este punto estratégico.

LA BATALLA DEL BOSQUE DE HÜRTGEN

A proximidad de la frontera belgo-alemana se encuentra el bosque de Hürtgen, que se sitúa ante el sector del general mayor estadounidense Joseph Lawton Collins (1896-1987). Este último, bajo el mando del general Omar Nelson Bradley, demuestra la misma prisa que Bernard Law Montgomery a la hora de atacar el muro occidental. Para alcanzar este objetivo, lleva a sus tropas al bosque. Frente a los Aliados, los soldados alemanes, que se han podido recuperar de la campaña de verano, presentan una feroz resistencia durante muchos meses. Así, esta batalla iniciada el 19 de septiembre de 1944 no acabará hasta el 10 de febrero de 1945. Con todo, este lugar no representa ningún interés estratégico y sus densos montes bajos forman un obstáculo que habría sido mejor esquivar. Además, el balance es trágico: los estadounidenses pierden alrededor de un cuarto de sus efectivos involucrados. Además, mientras los Aliados luchan con todas sus fuerzas por un sector sin interés estratégico, la Wehrmacht se prepara en la retaguardia para organizar un ataque de gran envergadura en las Ardenas.

ACTORES PRINCIPALES

BERNARD LAW MONTGOMERY, MARISCAL BRITÁNICO

Nacido en Londres en 1887, Bernard Law Montgomery es un mariscal británico. Comienza su carrera militar en 1907, cuando ingresa en la Real Academia Militar de Sandhurst (Gran Bretaña). De 1908 a 1913, está destinado a la India. Un año más tarde, participa en la Primera Guerra Mundial (1914-1918), de la que sale con el grado de teniente coronel.

Durante la Segunda Guerra Mundial marca la historia al vencer a Erwin Rommel en la decisiva batalla de El Alamein durante la campaña de África. Aunque esta última no firma el final de la campaña de África, marca un punto de inflexión en el frente africano. En efecto, a partir de ese momento, las tropas alemanas no dejarán de retroceder frente a las fuerzas aliadas. En 1944, Bernard Law Montgomery regresa a Londres para organizar el desembarco de Normandía que tendrá lugar el 6 de junio de 1944 y será decisivo en la liberación de Europa occidental. A la cabeza del 21.º grupo de ejércitos, avanza hasta el puerto de Amberes. Se hace con los puentes de Eindhoven, de Nijmegen y de Arnhem en los Países Bajos, sin haber liberado previamente el estuario de Amberes que, sin embargo, es un lugar estratégico para el suministro.

Durante la batalla de las Ardenas, comete otro error: mientras llega rápidamente al flanco norte de la brecha alemana, no ataca y se limita a contener el avance alemán en este sector. Sus defensores argumentan, sin embargo, que se trata de una opción defensiva prudente e inteligente, mientras que sus detractores creen que prefiere dejar que los estadounidenses ataquen. Por otra parte, solo pasará a la ofensiva cuando George Smith Patton haya liberado Bastoña.

Al final de la guerra, continúa llevando a cabo funciones en el Ejército y muere en 1976 en Alton, en Gran Bretaña.

GEORGE SMITH PATTON, GENERAL ESTADOUNIDENSE

Nacido el 11 de noviembre de 1885, George Smith Patton es un militar profesional. En 1904 ingresa en la Academia Militar de West Point y se gradúa cinco años más tarde. En 1917 se va a Europa, pero no participa directamente en el conflicto. De hecho, cuando llega a París, empieza a entusiasmarse con los tanques y decide formar a algunos hombres en su uso. De esta forma, hasta 1918 no parte al frente con sus tanques.

Durante la Segunda Guerra Mundial, participa en las campañas de África, de Sicilia, de Normandía y de Lorena. Cuando la ciudad de Bastoña es atacada en 1944, George Smith Patton, entonces general del Tercer Ejército de los Estados Unidos, entiende rápidamente la urgencia de la situación e, incluso antes de recibir la orden, organiza el desplazamiento de sus tropas hacia la ciudad. En el momento de la ofensiva, se encuentra en el flanco sur del avance aliado. Entonces, ordena un giro de 90 grados a sus tropas y rápidamente se dirige hacia Bastoña. Patton desempeña un papel clave en la liberación de la ciudad y en el fracaso de la ofensiva alemana.

George Smith Patton muere en un accidente de coche el 21 de diciembre de 1945 en Heidelberg, Alemania.

HASSO VON MANTEUFFEL, GENERAL ALEMÁN

Nacido el 14 de enero de 1897, Hasso von Manteuffel es un general alemán de la Wehrmacht. En 1908 ingresa en la escuela militar y, en 1916, entra en el Ejército Imperial Alemán. Por lo tanto, participa en la Primera Guerra Mundial. Sin embargo, rápidamente resulta herido y es apartado del frente durante algunos meses.

Pronto se muestra como uno de los fervientes defensores de las divisiones blindadas. Destaca en la Segunda Guerra Mundial en el Norte de África y en el frente ruso. Adolf Hitler también remarca sus cualidades de líder militar y lo elige para comandar el V Ejército Blindado alemán en la ofensiva de las Ardenas. Aunque sale perdiendo, se le reconoce como el oficial alemán que mejor se desenvuelve durante la batalla. De hecho, mientras que el encargado de realizar el avance principal era el VI Ejército Blindado de

Sepp Dietrich, finalmente el V Ejército de Hasso von Manteuffel es el que logra llegar más lejos detrás de las líneas estadounidenses.

Después de la guerra, es encarcelado en un campo de los Aliados hasta 1947. Después de su liberación, se convierte en miembro del Parlamento alemán (Bundestag) y en representante del Partido Liberal Democrático. Fallece el 24 de septiembre de 1978 en Austria.

SEPP DIETRICH, GENERAL ALEMÁN

Nacido en 1892, Josef Dietrich, conocido como Sepp Dietrich, es un oficial general alemán, alistado en el Ejército en 1911 y participante en la Primera Guerra Mundial. Pero, una vez terminada la guerra, es desmovilizado y no busca continuar su carrera en el Ejército. Entonces, entra en los cuerpos francos (grupo de combatientes civiles) y en 1926 entra en el Partido Nazi. Entonces, se convierte en soldado político.

Cuando estalla la Segunda Guerra Mundial, Dietrich tiene el cargo de general de la Waffen-SS (ejército de élite político sometido a las ideas nazis). Primero participa en el conflicto en el frente occidental, y luego se desplaza al frente del este. En 1944, dirige a tropas alemanas que intentan resistir al desembarco aliado. Cuando su ejército logra atravesar el muro occidental, Adolf Hitler lo designa para que dirija el VI Ejército Blindado alemán y que efectúe el avance principal hacia Amberes. Sin duda, esta elección es una de las consecuencias del atentado al que el Führer acaba de escapar: ya no confía en los oficiales del Ejército regular. De nuevo, se trata de otro error de Hitler, ya que Sepp Dietrich no logra vencer las líneas enemigas.

Después de la guerra, Sepp Dietrich es condenado a cadena perpetua por el Tribunal Militar de Dachau a causa de la matanza de 84 prisioneros estadounidenses en Baugnez. Su pena es conmutada a 25 años de prisión. En 1957 es liberado, pero sigue estando en el punto de mira de la justicia por otros delitos que comete entre la década de 1930 y el año 1945. Muere el 21 de abril de 1966 en Ludwigsburg.

ANÁLISIS DE LA BATALLA

Frente aliado el 15 de diciembre de 1944

Ofensivas alemanas (16-24 de diciembre de 1944)

Frente aliado el 24 de diciembre de 1944

Contraofensivas aliadas

Ciudad estratégica importante

① XV Ejército (Von Zangen)

② VI Ejército (Dietrich)

③ V Ejército (Von Manteuffel)

④ VII Ejército (Brandenberger)

La batalla de las Ardenas

LOS PREPARATIVOS ALEMANES

El 16 de septiembre de 1944, Adolf Hitler prepara la Operación Wacht am Rhein para recuperar Amberes y detener el avance aliado. La idea es crear una guerra relámpago (*Blitzkrieg* en alemán) en el sector más débil del frente aliado: las Ardenas belgas. Para ello, se basa en el Plan Manstein que permitió invadir Bélgica y dividir las tropas aliadas en 1940. Adolf Hitler persigue un triple objetivo:

- primero, hacerse con el puerto de Amberes y de este modo cortar este punto de suministro a los Aliados;
- a continuación, dividir los ejércitos ingleses de Bernard Law Montgomery y los estadounidenses de Omar Nelson Bradley;
- por último, tomar las reservas de petróleo de los Aliados, útiles para los tanques alemanes que sufren una gran escasez tras los bombardeos constantes de los depósitos de combustible.

Además, espera poder aprovechar la vegetación de esta región para que sus divisiones blindadas se posicionen con total discreción. Por otra parte, opta por poner en marcha la operación hacia el mes de noviembre, mientras que el Ejército alemán no está acostumbrado a lanzar ataques en invierno debido a las malas condiciones meteorológicas que hacen que el avance de los ejércitos implicados sea más complejo. Sin embargo, esa elección fue objeto de mucha reflexión previa. De hecho, la Wehrmacht ya no tiene suficientes aviones para librar un combate aéreo. Así pues, Adolf Hitler cuenta con la niebla, habitual en esta época del año, para que la aviación aliada se quede en el suelo, evitando así que bombardee las posiciones de los soldados alemanes. Tal es su importancia en la batalla que la operación también es conocida como Niebla de Otoño. La niebla, además, también permitiría favorecer el efecto sorpresa. De hecho, es importante que esta operación se mantenga en secreto, sobre todo porque los Aliados creen que los alemanes son incapaces de llevar a cabo una contraofensiva de gran envergadura.

¿Sabías que...?

La *Blitzkrieg*, o guerra relámpago, es una estrategia de ataque establecida por la

A finales de octubre de 1944, Hitler explica su plan a sus generales, Gerd von Rundstedt (1875-1953) y Walter Model (1891-1945). Pero ellos no comparten el entusiasmo del Führer, por varias razones. En primer lugar, consideran que las Ardenas del invierno de 1944 no son las mismas que las de la primavera de 1940, y ya no son un terreno propicio para llevar a cabo una guerra relámpago. Por otra parte, creen que es muy arriesgado depender del mal tiempo para protegerse del ataque de los aviones aliados. También creen que la Wehrmacht no es lo suficientemente fuerte como para llevar a cabo un ataque de este tamaño frente a los Ejércitos aliados. De hecho, el VII Ejército, encargado de proteger el flanco sur de la ofensiva, es demasiado débil y las unidades de infantería carecen de entrenamiento. Sin embargo, hay que tener en cuenta que, para paliar la escasez de efectivos, Adolf Hitler lanza una gran campaña de reclutamiento para alistar a cualquiera capaz de luchar, integrando así en su ejército a jóvenes y ancianos que no tienen experiencia militar.

Con todo, a pesar de sus reticencias, los generales se ven obligados a aplicar el plan de Adolf Hitler. Así, bajo el secreto más absoluto, al amparo de la niebla y de la noche, los soldados alemanes se ponen en camino hacia las Ardenas belgas. En total, en la batalla participan más de 250 000 hombres que tienen a su disposición más de 1000 tanques, 2000 cañones y 1500 aviones, y que se reparten de la siguiente forma:

- en el norte, el XV Ejército de Gustav-Adolf von Zangen (1892-1964) es responsable de proteger el flanco norte de la ofensiva;
- en el centro norte, el VI Ejército Blindado SS del general alemán Sepp Dietrich se encarga de efectuar el avance principal durante la ofensiva de las Ardenas. Su objetivo es Amberes;
- en el centro sur, el V Ejército Blindado del general Hasso von Manteuffel es responsable de realizar un gran avance. Su objetivo es Bruselas;
- en el sur, el VII Ejército al mando del general Erich Brandenberger (1892-1955) es el encar-

gado de proteger el flanco sur de la ofensiva.

LA SITUACIÓN DE LOS ALIADOS

Los problemas de abastecimiento, las dificultades de la liberación del estuario del Escalda y las pérdidas sufridas durante la batalla del bosque de Hürtgen ralentizan considerablemente el avance de los Aliados. Con todo, a pesar de esta situación desfavorable, los Estados Mayores están convencidos de que el Ejército alemán está al límite de sus posibilidades y de que no puede preparar ofensivas de gran envergadura.

Además, se produce un desacuerdo entre el mariscal británico Bernard Law Montgomery y el general estadounidense George Smith Patton, ambos conocidos por su sentido de la competitividad, sobre cómo debe desarrollarse el resto de la guerra: Bernard Law Montgomery apoya la necesidad de concentrar las fuerzas para un único avance hacia la Ruhr, mientras que Patton prefiere dirigirse hacia Fráncfort. Sin embargo, el general estadounidense Dwight David Eisenhower es el que tiene la última palabra, y decide realizar un avance de golpe en toda la línea del frente. Por consiguiente, puesto que los principales objetivos son la Ruhr y Fráncfort, el grueso de los Ejércitos aliados se sitúa en el norte y el sur de las Ardenas belgas, dejando ese territorio casi sin defensa.

Esta región se considera un frente secundario y solamente la defienden cuatro divisiones de infantería y una división blindada bajo el mando de Omar Nelson Bradley. Dos de ellas están descansando después de haber participado en la batalla del bosque de Hürtgen y de haber perdido muchos soldados. Las otros dos están formadas por soldados inexpertos que acaban de desembarcar en Europa. Por lo tanto, las Ardenas belgas aparecen como una especie de lugar de descanso y de aclimatación para las nuevas unidades. Los soldados se preparan incluso para celebrar la Navidad. También cabe destacar que la actriz y cantante estadounidense de origen alemán Marlene Dietrich (1901-1992) visita a las tropas aliadas el 16 de diciembre, fecha del inicio de la batalla, a apenas cinco kilómetros del frente. Pero, poco antes, los servicios de inteligencia advierten a los Estados Mayores aliados de que los alemanes se están moviendo en el otro lado del frente y de que existe el riesgo de un ataque inminente.

Antes del ataque, las tropas aliadas se reparten del siguiente modo:

- en el norte de las Ardenas, se encuentra el 21.º grupo de ejércitos británico del mariscal Bernard Law Montgomery, a la altura de la región de Amberes;
- en las Ardenas belgas, está el 12.º grupo de ejércitos de los Estados Unidos del general Omar Nelson Bradley, que cuenta con unos 80 000 soldados, 245 tanques y 590 cañones;
- en el sur de las Ardenas, se halla el 3.er Ejército de los Estados Unidos del general George Smith Patton, a la altura de Alsacia y Lorena.

EL ATAQUE SORPRESA

El 16 de diciembre de 1944, a las 17:30 horas, alrededor de 1000 tanques irrumpen en las Ardenas: el ataque es repentino y sorprende a los soldados estadounidenses. Pronto, las líneas de enlace se ven interrumpidas y las líneas de suministro situadas en la parte trasera del frente se ven perturbadas.

| Tanque británico sobre el río Mosa en diciem-
bre de 1944.

La aviación aliada se ve obligada a quedarse en el suelo a causa de la densa niebla. Todo esto permite que la Wehrmacht avance y capture a muchos prisioneros. Asimismo, el teniente coronel de las SS Otto Skorzeny (1908-1975) conduce la Operación Greif, que consiste en infiltrarse en las filas estadounidenses con algunos hombres vestidos de soldados estadounidenses para alterar el orden y llevar a cabo actos de sabotaje. Rápidamente son desenmascarados, pero esto crea una atmósfera de sospecha muy pesada en el seno del Ejército aliado.

Todo transcurre como esperaba Adolf Hitler, a pesar de la resistencia en el norte que bloquea la progresión del Ejército de Sepp Dietrich. Así, el frente se extiende a lo largo de cien kilómetros. Sin embargo, aunque en un primer momento el general Omar Nelson Bradley no quiere creer que se trata de un ataque de gran envergadura, se recompone rápidamente y prepara la defensa. Unos días más tarde, el general Dwight David Eisenhower organiza la contraofensiva y decide enviar a la 101.ª División Aerotransportada de los Estados Unidos de Anthony McAuliffe (1898-1975) a Bastoña. Bernard Law Montgomery y George Smith Patton también son llamados como refuerzos. Bernard Law Montgomery, que es el que está más cerca del teatro de operaciones, llega el primero y se posiciona en el flanco norte del avance alemán, a la altura del Mosa limburgués.

En el lado alemán, la situación se complica. En efecto, los temores de los generales de Adolf Hitler se confirman: las reservas de combustible se agotan y es imposible apoderarse de las de los Aliados. Además, el frío del invierno ha llenado las carreteras de hielo y nieve, lo que dificulta el avance alemán. Por otra parte, los soldados estadounidenses les oponen una feroz resistencia.

| Soldados estadounidenses en posición defensiva en medio de la nieve.

Asimismo, aunque la Wehrmacht logra avanzar 30 kilómetros detrás de las líneas aliadas, sus planes se retrasan. En el norte, el general alemán Sepp Dietrich, que debía llevar a cabo el avance principal hacia Amberes, no consigue superar la resistencia aliada. Su avance es un fracaso y debe adoptar una posición defensiva. En efecto, una vez ha pasado el efecto sorpresa, los Aliados se recomponen, y eso hace que el avance alemán tenga que disminuir su ritmo. Por otra parte, los blindados del general sufren la amenaza de quedarse sin combustible.

Sin embargo, aunque la resistencia de los Aliados bloquea el avance de Sepp Dietrich, uno de sus oficiales, Joachim Peiper, consigue seguir avanzando. Llega cerca del frente el 17 de diciembre de 1944, y entonces busca liberar un pasaje hacia el Mosa para el Ejército de Sepp Dietrich. Con todo, presionado por el retraso causado por el Ejército alemán y acosado por un grupo de soldados estadounidenses que han destruido todos los puentes que Joachim Peiper deseaba tomar, este último se ve obligado a realizar muchos desvíos. Debido a este gran número de dificultades, Joachim Peiper no quiere que los prisioneros obstaculicen todavía más su avance y hace que los maten a todos, siendo así el responsable de la matanza de Baugnez-Malmedy por la que será condenado más adelante. Finalmente, la falta de combustible lo empuja a abandonar su avance unos días más tarde.

LA DEFENSA DE BASTOÑA

En el sur, en cambio, el avance alemán es un éxito y, el 19 de diciembre de 1944, las tropas de Hasso von Manteuffel llegan a Bastoña, donde se encuentra la 101.ª División Aerotransportada de Anthony McAuliffe. Para no frenar su progresión, el Ejército alemán decide rodear Bastoña. Esto se lleva a cabo durante la noche del 21 al 22 de diciembre. Sin embargo, Hasso von Manteuffel tiene la esperanza de apoderarse de la ciudad, ya que está en el corazón de las comunicaciones de carreteras y ferrocarriles de la región de las Ardenas: es allí donde estará en juego el destino de la batalla. Por lo tanto, Bastoña cuenta con un gran interés estratégico, ya que podría permitir un rápido avance hacia el Mosa. Consciente de esto, Anthony McAuliffe se niega a rendirse. Hasso von Manteuffel recibe entonces la orden de continuar su avance hacia el Mosa con el grueso de sus ejércitos, dejando al general mayor Heinz Kokott (1900-1976) la tarea de tomar la ciudad.

A pesar de las dificultades debidas al terreno, al abastecimiento y a la resistencia de los soldados estadounidenses, los ejércitos de Hasso von Manteuffel avanzan y, el 24 de diciembre de 1944, se encuentran en Dinant, frente al Mosa. Se ha alcanzado el objetivo, pero este éxito dura poco. De hecho, el avance es insignificante y frágil. Por otra parte, Sepp Dietrich no ha alcanzado sus objetivos, por lo que las tropas de Von Manteuffel se encuentran expuestas en el flanco norte.

Los Aliados también luchan por salir adelante. De hecho, Bastoña es el escenario de violentos combates: los ataques tienen lugar día y noche. Los combatientes de la 101.ª División Aerotransportada de Anthony McAuliffe intentan expulsar a los soldados de la Wehrmacht por todos los medios. Sin embargo, el 22 de diciembre de 1944, la situación cambia gracias a la llegada del general George Smith Patton cerca de Bastoña, en el flanco sur del avance alemán. Su presencia aporta un poco de esperanza. Sin embargo, este debe enfrentarse a las mismas dificultades que los alemanes: sigue nevando sin parar y las vías de acceso son poco accesibles; por la noche, las temperaturas descienden hasta los -25 °C, lo que provoca importantes congelaciones, hasta el punto de requerir la evacuación de muchos soldados. Con todo, el 23 de diciembre de 1944 las condiciones meteorológicas mejoran, y esta situación va a durar algunos días: la niebla se disipa, dando paso al sol. Entonces, la aviación puede despegar y abastecer Bastoña, que sigue aguantando pese a los ataques violentos y constantes del Ejército alemán.

No obstante, la situación sigue siendo alarmante en Bastoña, ya que, el 24 de diciembre, la Wehrmacht casi se apodera de la ciudad. El día de Navidad, no se anuncia ninguna tregua: los combates continúan causando estragos. Por consiguiente, el 26 de diciembre, el general George Smith Patton cambia de táctica y decide concentrar el grueso de sus ejércitos en un punto para luego tratar de llegar a Bastoña. La operación es un éxito y Patton logra romper el cerco de la ciudad. Ahora hay que proteger el paso que se ha creado de esta forma en medio de las fuerzas enemigas.

El regreso del buen tiempo también permite que la aviación aliada detenga la ofensiva alemana en el sur. El V Ejército Blindado del general Hasso von Manteuffel es dividido en dos y la II División Blindada, que era la más avanzada, acaba casi destruida por completo. Es el fin de la ofensiva alemana y el inicio de la contraofensiva aliada.

EL RESULTADO DE LA BATALLA

Dado que el avance de la Wehrmacht se ve bloqueado de forma definitiva, los alemanes deben cambiar de estrategia: así, Bastoña se convierte en el desafío principal. Por consiguiente, su objetivo consiste en romper el paso creado por George Smith Patton y recuperar la ciudad. Pero Anthony McAuliffe sigue resistiendo, sobre todo porque ahora cuenta con el apoyo de George Smith Patton y sus hombres. A continuación, se producen violentos combates, al tiempo que las temperaturas vuelven a bajar y regresa la nieve. El 30 de diciembre, el general alemán Hasso von Manteuffel lanza un ataque contra la ciudad que acaba fracasando.

El 1 de enero de 1945, los alemanes deciden lanzar una gran ofensiva aérea. A nivel teórico, la operación es una locura ya en ese momento, puesto que la aviación aliada cuenta con una superioridad numérica importante respecto a la de los alemanes. En efecto, la operación acaba fracasando y los alemanes sufren muchas pérdidas.

Los Aliados, que recuperan la ventaja y conservan firmemente Bastoña, lanzan el contrataque, que consiste en atrapar al Ejército alemán:

- las fuerzas del mariscal Bernard Law Montgomery se encargan de hundir el flanco norte del avance alemán;
- al mismo tiempo, las fuerzas del general George Smith Patton se encargan del flanco sur.

A continuación, los dos Ejércitos deben unirse. La Wehrmacht, sorprendida y agotada, no se espera un ataque de esta magnitud en medio de unas condiciones climáticas tan adversas, por lo que los Aliados la toman por sorpresa. El 8 de enero de 1945, el alto mando alemán decide replegar sus tropas para reducir el frente. Algunos soldados se encargan entonces de repeler a los Aliados, permitiendo que otros adopten una posición defensiva más sólida. Pero el Ejército alemán ya no es lo que era y su posición defensiva no aguanta mucho tiempo.

Hay que tener en cuenta que el avance aliado se ve reforzado por la rivalidad entre el mariscal británico Bernard Law Montgomery y el general estadounidense George Smith Patton, ya que cada uno quiere llegar antes que el otro. A medida que avanzan, los Aliados descubren los horrores cometidos por los alemanes a su paso. De hecho, puesto que su avance debe ser rápido, la Wehrmacht no quiere cargar con prisioneros y cualquier lugar que le oponga cualquier tipo de resistencia es atacado violentamente.

El 12 de enero de 1945, los Aliados están a punto de lograr unir las fuerzas del norte y del sur. George Smith Patton decide que dicha unión deberá hacerse en la ciudad de Houffalize, donde quiere llegar al día siguiente. Sin embargo, en la región subsisten focos de resistencia para permitir la retirada del grueso de las tropas de la Wehrmacht, retrasando así la progresión de los soldados estadounidenses. El 16 de enero, la unión entre los ejércitos del norte y del sur se lleva a cabo en Houffalize y en el Moulin de Rensiwez.

El 28 de enero de 1945, la Wehrmacht retrocede hasta las posiciones que ocupaba antes del comienzo de las hostilidades, lo que marca el final de la batalla de las Ardenas y de la ocupación de Bélgica. Al final, el balance humano es trágico en ambos bandos:

- en el lado de las fuerzas alemanas, se estima que alrededor de 29 800 soldados perecen, 34 450 resultan heridos y más de 22 500 caen prisioneros o desaparecen;
- en el lado de las fuerzas estadounidenses, se cuentan aproximadamente 18 500 soldados muertos, 46 200 heridos y 10 900 hechos prisioneros de guerra o desaparecidos;
- en el lado de las fuerzas británicas, el balance es de 200 soldados muertos, 240 heridos y 970 capturados o desaparecidos.

A estas pérdidas hay que añadir la muerte de 2500 civiles belgas.

REPERCUSIONES

EL FIN DE LA GUERRA EN EL FRENTE EUROPEO

La batalla de las Ardenas es un acontecimiento clave del final de la Segunda Guerra Mundial, ya que esboza la continuación del avance aliado y soviético hacia Berlín. A pesar de que Adolf Hitler esperaba doblegar a los ejércitos enemigos, la ofensiva de las Ardenas contribuye principalmente al debilitamiento de la Wehrmacht. Las pérdidas que sufre son irreparables: en un momento en el que los alemanes ya no tienen el control de los cielos, además se ven privados de una parte de sus mejores unidades. En el lado de los Aliados, la moral de las tropas está alta. Ahora tienen una ventaja todavía mayor contra el enemigo.

En el este, la situación no es más alentadora para el Führer, e incluso empeora a partir del 6 de junio de 1944, con la Operation Overlord. Esta operación es una de las consecuencias, por un lado, de la petición de Joseph Stalin (1879-1953) de atrapar al Tercer Reich en el fuego cruzado y, por el otro, de la voluntad de los Aliados de no dejar que Alemania caiga en manos de la Unión Soviética. Sin embargo, mientras los Aliados luchan en las Ardenas, el Ejército Rojo aprovecha la oportunidad para lanzarse a cuerpo descubierto en la carrera hacia Berlín. Los soldados soviéticos finalmente llegan a la capital alemana el 30 de abril de 1945. Al ver cómo todos sus planes se desmoronan y al comprender que no va a vencer, Adolf Hitler se suicida en su búnker. El 8 de mayo, Alemania no tiene más remedio que rendirse, con lo que se pone fin a la guerra en Europa.

LOS JUICIOS POR CRÍMENES DE GUERRA

En 1942, los Gobiernos aliados deciden juzgar los crímenes de guerra orquestados durante el conflicto mundial. Estos juicios comienzan a partir del momento en el que se produce la caída del Tercer Reich. En este contexto, el oficial alemán Joachim Peiper (1915-1976) comparece ante el Tribunal Militar Internacional de Dachau en 1946 por las matanzas perpetradas cerca de la ciudad de Malmedy. Durante la batalla de las Ardenas, Joachim Peiper y sus hombres tienden una emboscada a una tropa de soldados aliados en el cruce de Baugnez, el 17 de diciembre de 1944. Estos últimos solo disponen de armas ligeras, por lo que no pueden resistir a la violencia que muestran los soldados alemanes. Entonces, deciden rendirse rápidamente y, en primer lugar, son capturados. Más tarde, son agrupados en un prado y luego son ejecutados a sangre fría. Durante su juicio, Joachim Peiper es declarado culpable y condenado a muerte. Sin embargo, su pena no se aplica y es puesto en libertad 10 años después. Se llevan a cabo otros juicios, como los conocidos Juicios de Núremberg contra los principales líderes del Tercer Reich, que se celebran del 20 de noviembre de 1945 hasta el 1 de octubre de 1946.

LA OCUPACIÓN DE BÉLGICA

El 10 mayo de 1940, las tropas alemanas violan la neutralidad de Bélgica invadiendo su territorio. Entonces, los soldados belgas tratan de combatir y de repeler a las tropas enemigas. Durante 18 días, estallan combates en muchos lugares, pero los fuertes caen uno tras otro, provocando también la caída de las ciudades más grandes. Al ver cómo los recursos disminuyen, el rey Leopoldo III (1901-1983) ordena a sus hombres que se rindan. Ahora, Bélgica está ocupada y poco a poco se pone en marcha un nuevo sistema administrativo. Así pues, los belgas están sujetos a restricciones severas, sobre todo en lo que concierne a los productos alimenticios; algunos ciudadanos son enviados a Alemania para trabajar, mientras que otros sufren las deportaciones. En respuesta a esta invasión, se crea una red de resistencia, que conlleva la aparición de servicios de inteligencia y periódicos clandestinos. Asimismo, muchos belgas también participan en actos de sabotaje para cortar las vías de comunicación alemanas.

Puesto que la invasión del país se lleva a cabo de forma rápida, el territorio belga no sufre destrucciones demasiado importantes y sus fábricas siguen siendo funcionales. Por lo tanto, la batalla de las Ardenas es uno de los pocos momentos de la Segunda Guerra Mundial en el que Bélgica vive un verdadero ataque. Entonces, el país sufre importantes destrucciones: se destruyen ciudades enteras, redes de comunicación y puentes.

A pesar de que estos destrozos no son un obstáculo muy importante para Bélgica después de la guerra, sí que lo son para la población local. A causa de la violencia de los enfrentamientos, miles de viviendas son destruidas —las ciudades de Saint-Vith, Malmedy, Houffalize y La Roche son las más afectadas—. Los habitantes de las Ardenas belgas pagan la liberación de Bélgica a un precio muy alto.

EN RESUMEN

1939

1 sept.: inicio de la
Segunda Guerra Mundial

1944

6 jun.: desembarco de Normandía

4 sept.: liberación del puerto
de Amberes

19 sept.: inicio de la batalla del bosque
de Hürtgen

29 nov.: toma del estuario del Escalda

**16 dic.: inicio de la batalla de
las Ardenas**

1945

28 en.: fin de la batalla de las Ardenas

10 feb.: fin de la batalla del bosque
de Hürtgen

30 abr.: los soviéticos llegan a Berlín

8 may.: fin de la Segunda Guerra
Mundial en Europa

- 16 de diciembre de 1944: la ofensiva de las Ardenas se pone en marcha. El Ejército aliado, totalmente tomado por sorpresa, se ve superado rápidamente.

- Del 16 de diciembre de 1944 al 21 de diciembre de 1944: la ofensiva alemana continúa, aunque Sepp Dietrich no consigue realizar su avance.

- 21 de diciembre de 1944: Bastoña es rodeada por las tropas de Hasso von Manteuffel, que tienen la misión de tomar este nudo de comunicaciones mientras él continúa su avance. Empieza la resistencia de las tropas de Anthony McAuliffe.

- 23 de diciembre de 1944: la niebla se disipa, y la poderosa aviación aliada puede despegar e infligir importantes daños al Ejército alemán.

- 24 de diciembre de 1944: las tropas de Hasso von Manteuffel llegan a Dinant. Están a las puertas del Mosa, pero su avance es demasiado débil y no pueden resistir a los ataques en los flancos, ni a la aviación aliada.

- 26 de diciembre de 1944: George Smith Patton rompe el cerco de Bastoña.

- 30 de diciembre de 1944: a raíz de la incapacidad de las tropas alemanas de cruzar el Mosa, Bastoña se convierte en el reto estratégico principal. Entonces, Hasso von Manteuffel lanza un ataque contra la ciudad, que acaba fracasando.

- 3 de enero de 1945: se lanza el contrataque aliado. Bernard Law Montgomery y George Smith Patton hunden los flancos norte y sur del avance.
- 16 de enero de 1945: la unión entre los dos Ejércitos se lleva a cabo en la ciudad de Houffalize.
- 28 de enero de 1945: el Ejército alemán se ve obligado a retroceder hasta sus posiciones iniciales.

¡Tu opinión nos interesa!
*¡Deja un comentario en la página web de tu
librería en línea,
y comparte tus favoritos en las redes sociales!*

PARA IR MÁS ALLÁ

FUENTES BIBLIOGRÁFICAS

- Bernard, Henri y Roger Gheysens. 1984. *La bataille d'Ardenne: L'ultime Blitzkrieg de Hitler*. Bruselas: Duculot.

- Cartier, Raymond. 1965. *La Seconde Guerre mondiale*, tomo 2. París: Larousse.

- Baugnez 44 Historical Center, "Historique". Consultado el 16 de julio de 2017. http://www.baugnez44.be/fr/historique.htm

- Centres de documentation et de recherche sur la Résistance et l'Enrôlement forcé, "La bataille des Ardennes. Une chronologie succincte". Consultado el 25 de julio de 2017. http://www.secondeguerremondiale.public.lu/fr/dossiers-thematiques/batailledesardennes.html

- Chautard, Sophie y Masri Féki. 2012. "Les Ardennes (16 décembre 1944-23 janvier 1945)". *Les Grandes Batailles de l'histoire*. Nanterre: Studyrama.

- De Lee, Nigel. 2009. *Paroles de combattants. La bataille des Ardennes*. Lieja: Luc Pire.

- Encyclopaedia Britannica, "Anthony C. McAuliffe". Consultado el 16 de julio de 2017. http://www.britannica.com/EBchecked/topic/353746/

Anthony-C-McAuliffe

- Encyclopaedia Britannica, "Georges Smith Patton". Consultado el 16 de julio de 2017. http://www.britannica.com/EBchecked/topic/446863/George-Smith-Patton

- Encyclopaedia Britannica, "Hasso, baron of Manteuffel". Consultado el 16 de julio de 2017. http://www.britannica.com/EBchecked/topic/362935/Hasso-baron-of-Manteuffel

- Keegan, John. 1990. *La Deuxième Guerre mondiale*. París: Éditions Perrin.

- Labiausse, Kevin. 2009. "Les Ardennes (1944-1945)". *Les Grandes Batailles de l'histoire. De Marathon à la guerre du Golfe*. París: Mémo.

- Musée de la bataille des Ardennes, "Histoire". Consultado el 16 de julio de 2017. http://www.batarden.be/site/fr/histoire.html

FUENTES COMPLEMENTARIAS

- Bauer (teniente coronel) y Remy (coronel). 1984. *L'Offensive des Ardennes*. Glarus: Christophe Colomb.

- Beevor, Anthony. 2012. *La Seconde Guerre mondiale*. París: Calmann-Lévy.

- Buffetaut, Yves. 2000. "La bataille des Ardennes". *Militaria Magazine*, n.° 39. París: Histoire et

Collection.

- Buffetaut, Yves. 2001. "Le siège de Bastogne". *Militaria Magazine*, n.º 42. París: Histoire et Collection.

- Cross, Robin. 2012. *La Bataille des Ardennes en mots et en images*. Roubaix: Chantecler.

- Cross, Robin. 2005. *La Bataille des Ardennes 1944. Le Dernier Espoir d'Hitler*. Roubaix: Chantecler.

- Delaval, Maurice. 1984. *Saint-Vith au cours de l'ultime Blitzkrieg de Hitler*. Vielsalm: J.A.C.

- Géoris, Michel. 1994. *La Bataille des Ardennes*. París: France Empire.

- Longue, Matthieu. 2006. *Massacres en Ardenne. Hiver 1944-1945*. Bruselas: Racine.

- Parker, Danny S. 1999. *The Battle of the Bulge. The German View*. Barnsley: Greenhill Books.

FUENTES ICONOGRÁFICAS

- Soldados soviéticos en posición defensiva en los suburbios de Stalingrado. La imagen reproducida está libre de derechos.

- Soldados aliados desembarcando en las playas de Normandía. La imagen reproducida está libre de derechos.

- Soldados estadounidenses cruzando la línea

Sigfrido. La imagen reproducida está libre de derechos.

- Tanque británico sobre el río Mosa en diciembre de 1944. La imagen reproducida está libre de derechos.

- Soldados estadounidenses en posición defensiva en medio de la nieve. La imagen reproducida está libre de derechos.

PELÍCULAS, SERIES Y DOCUMENTAL

- *Fuego en la nieve.* Dirigida por William A. Wellman, con Van Johnson, John Hodiak y Ricardo Montalbán. Estados Unidos: 1949.

- *La batalla de las Ardenas.* Dirigida por Ken Annakin, con Henry Fonda, Robert Shaw y Robert Ryan. Estados Unidos: Warner Bros Pictures, 1965.

- *La fortaleza.* Dirigida por Sydney Pollack, con Burt Lancaster, Patrick O'Neal y Jean-Pierre Aumont. Estados Unidos: Columbia Pictures y Filmways, 1969.

- *Band of Brothers (Hermanos de sangre).* "Bastogne", episodio 6. Dirigido por David Leland, con Shane Taylor. Escrito por Steven Spielberg y Tom Hanks. HBO, 2001.

- *Band of Brothers (Hermanos de sangre).* "Point de rupture", episodio 7. Dirigido por David Frankel, con Peter O'Meara. Escrito por Steven Spielberg y

Tom Hanks. HBO, 2001.

- *Santos y soldados.* Dirigida por de Ryan Little, con Corbin Allred, Alexander Polinsky y Pete Asle Holden. Estados Unidos: Go Films y Medal of Honor Productions LLC, 2003.

- *Apocalipsis: La Segunda Guerra Mundial.* Dirigido por Isabelle Clarke y Daniel Costelle. Francia: 2009.

MUSEOS Y EDIFICIOS CONMEMORATIVOS

- Ardennen Poteau '44 Museum, en Poteau, Bélgica. Museo dedicado a la batalla de las Ardenas.

- Baugnez 44 Historical Center, en Malmedy, Bélgica. Museo dedicado a la batalla de las Ardenas.

- Bastogne War Museum, en Bastoña, Bélgica. Museo dedicado a la Segunda Guerra Mundial vista a través del prisma de la batalla de las Ardenas.

- Museo de la Batalla de las Ardenas, en La Roche-en-Ardenne, Bélgica.

- December 44 Historical Museum de La Gleize, en Stoumont, Bélgica. Museo dedicado a la batalla de las Ardenas.

- Museo Nacional de Historia Militar, en Diekirch,

Luxemburgo. Museo centrado en la Segunda Guerra Mundial y la batalla de las Ardenas.

- El cementerio militar americano, en Neuville-en-Condroz, Bélgica.

- El cementerio militar alemán, en Sandweiler, Luxemburgo.